함께 가는 길

당신의 하루에 건네는 다정한 위로

심정자 지음 | **이동진** 그림

작가의 말

1.

오래전 블로그를 시작하면서, 그 이름을 '함께 가는 길'이라 지었다. 인간은 홀로 태어나 홀로 죽지만, 이 세상을 사는 동안 혼자 살 수 없다. 사회적 협력은 물론이고 심리적으로 누구나 인정과 공감, 사랑받기를 원한다. 이런 정서적 연결은 인간 삶에 필수 요소이다.

자연은 우리에게 숨을 쉴 수 있게 하고, 몸과 마음에 휴식을 선물한다. 산과 강, 구름과 바람, 나무와 꽃이 없는 세상은 생각할 수 없다.

이웃은 또 어떠한가? 마음을 나눌 사람이 없다면 삶의 의미마저 희미해진다. 글을 쓰고, SNS를 하면서 늘 공감받기를 원하는 마음을 알 수 있다. 또 우리는 얼마나 많은 사회적 도움을 주고받는가?

명상하고 마음을 들여다보며, '내 안의 나'를 알아차린다. 구름처럼 흘러 다니는 생각과 마음이 존재함을 인정하고 바라본다.

자연, 이웃, 자신, 그리고 하나님과 함께 갈 수밖에 없는 길!

이 인생길에 동행하는 모두에게 고마움을 전한다.

2.

'작가의 말'을 간단히 적었다. 자연, 이웃, 자신, 그리고 하나님, 모두에게 고마움을 전하는 것으로 개별 감사 인사를 하지 않으려 했다. 그런데, 이 책이 완성되는 데 커다란 도움을 주신 이동진 화백께 감사 인사를 드리고 싶어 추신을 쓴다. 따뜻하고 그리움을 샘솟게 하는 그림, 〈부모은중경〉 12점과 〈심우도〉 12점을 책에 넣어 주시고, 책 표지와 내지를 목판화로 작업해 보내 주셨다. 이 책은 그림을 감상하는 것만으로도 마음이 따뜻하고 충만해진다.

2025년 10월

심정자

추천의 글

삶에 지친 우리에게 보내는 위안과 기쁨

– 윤종모(대한성공회 주교)

심정자 시인의 《함께 가는 길》에 실린 명상시(瞑想詩)들을 한 편, 한 편 음미하며 읽어 보았습니다. 명상시라고 하여 우리가 그동안 읽어 왔던 일반 시와 크게 다를 것은 없습니다.

다만 명상시는 명상 중에 경험한 어떤 깨달음이나 알아챈 것들, 그리고 그런 느낌을 그냥 시 형식으로 쓰는 것입니다. 그래서 명상시는 시어(詩語)가 아름답거나 세련되지 못하고 투박하거나 거칠 수도 있습니다. 그러나 심정자 시인의 시어는 아름답고 세련되어서 마치 아침 이슬같이 영롱합니다. 그러면서도 시가 전해 주는 삶에 대한 의미와 진지한 자세는 삶에 지친 우리에게 큰 위안과 기쁨을 주어서 치유를 경험하게 합니다.

《함께 가는 길》의 명상시 한 편, 한 편이 모두 명상 중에 품고 성찰해야 할 보석 같은 주제들입니다. 좋은 명상시를 읽을 수 있어서 행복하고 감사합니다.

인연사(因緣詞)

— 이동진(화가)

1.
공자, 맹자, 노자, 장자가 쓴 글은
아무리 옥편을 뒤적여도
그 뜻을 쉽게 알 수 없는데
정자가 쓴 글은 너무나 재미있고 쉬워
절로 고개가 끄덕여집니다
슬며시 웃음이 납니다

2.
명상을 생각하면
답답증에 먼저 속에서 불이 일고
명상을 생각하면
다리에 피가 안 통해
오금이 저리고 몸이 꼬이지만

《함께 가는 길》
명상은 쉽고 편안해
누워서 떡 먹기
즐거운 소풍길

3.
《함께 가는 길》
시집(詩集) 속에 들어 있는 글은
재래시장 난전에서도 주고받는
따듯하고 정겨운 말
무지렁이도 손뼉 치며 웃음 짓는 말

4.
천재(天才)의 글은 쉽고 간결하다
그래서
정자 글
구름에서는 구름 맛
바람에서는 바람 맛

2025년 시월

삼가 이동진

일상의 찬란함을 깨우는 시선

— 김태현(소소한 책방 책방지기, 《수업의 본질》 저자)

  시는 언어의 예술이다. 그러나 언어 이전에 다른 한편으로 시선의 예술이다. 언어로 표현하기 이전에 시인은 무엇인가를 본다. 그냥 보는 것이 아니라 들여다보고 만져 보고 감각한다. 그래서 한 편의 시를 읽게 되면 언어 너머에 있는 깊은, 시인의 시선에 먼저 마음이 동한다.
  심정자 시인의 시가 그렇다. 누군가에게는 한없이 소소한 경험이지만, 심 시인은 이곳에 깊이 머문다. 그 찰나의 경험이 안겨다 주는 아름다운 소리에 몸을 맡기고 마음을 둔다. 그래서 그녀의 시 한 구절, 한 구절 읽다 보면 우리의 일상이 얼마나 소중하고 찬란한지 새삼 느끼게 된다.
  그녀의 시를 읽고 나도 내 삶에 잠시 머문다. 희미했던 삶에 작은 틈이 생기고 그곳에서 작은 햇살이 머문다. 조용히 나도 웃는다. 아! 얼마나 소중하고 찬란한 내 삶인가!

함께 걷는 길에서 얻는 따듯한 위로

— 이한주(목사)

 구름에 달 가듯 가볍고 무심하게 살고 싶은데, 인생이 그렇게 만만하지 않습니다. 구르고 넘어지고, 다시 걷기 힘든 날이 있습니다. 한 고개를 넘었다 싶은데 더 높은 고개가 나타나 막막할 때도 있습니다.
 심정자 시인의 시집 《함께 가는 길》은 이런 인생의 길에서 만나는 나침반 같은 시집입니다. 시집 어디를 펼쳐도 삶의 의미와 아름다움과 기쁨을 깨우쳐 주는 맑은 눈빛과 고마운 마음과 귀한 깨달음을 만날 수 있습니다.
 꾸밈없고 담담한 구절들이 마음 깊은 곳을 울리는 걸 보니, 이 시들은 그냥 쉽게 쓰인 시는 아닌 것 같습니다. 아마 시인도 우리처럼, 우리보다 먼저, 길에서 구르고 넘어지고 지치고 막막해서 주저앉았던 적이 있었나 봅니다. 이 시집에 실려 있는 시들은 먼저 넘어져 본 사람만이 가질 수 있는 따듯하고 다정한 목소리로 희로애락이 오가는 길에서 감사와 기쁨을 찾아내는 지혜를 전해 줍니다.

시인은 매일 보는 사계절의 변화에서 우주의 섭리를 깨닫고, 무심하게 지나쳤던 풀벌레와 꽃들에서 생명의 놀라움을 발견합니다. 어린 손녀와 할아버지가 된 남편과 주름진 친구 얼굴에서 행복과 사랑과 추억을 남겨 놓은 시간의 흔적을 찾습니다. '단풍 들고 벌레 먹은 잎이 / 아름다운 건 // 봄 새싹의 고움과 / 한여름 녹음의 열정이 / 다 녹아 있기 때문이지요' 시인은 삶의 모든 순간을 긍정하며 독자들을 위로합니다.

시인은 길을 잃지 않고 끝까지 걸어갈 수 있는 비밀은 '함께'에 있다는 걸 알려 줍니다. 가족, 친구, 자연, 그리고 영적인 존재까지 시인은 모든 것을 연결해 주고 있는 보이지 않는 끈을 드러내 주며 '혼자, 또 같이' '다친 손목이 온몸의 기운을 빼앗아도' 함께 가자고 우리를 초대합니다.

이 시집을 읽는 동안 시인과 함께 길을 걷는 것 같았습니다. 시인이 길에서 만났던 사랑과 풍경과 사람들과 '임마누엘' 하나님을 만난 것 같고, 그 덕분에 다시 길을 걸어갈 새 힘과 용기를 얻었습니다.

사소한 일상, 소소한 순간에서 피어나는 다정함

― 박총(《읽기의 말들》《욕쟁이 예수》 저자, 자비량 목회자)

심정자 시인의 『함께 가는 길』을 읽어 내려가면,
40년 옆지기 방귀 소리가 다정하게 들린다.
낮달이 자기도 친구 하자고 우긴다.
감잎차에 군고구마 먹으며 장자(莊子)와 노닐고 싶어진다.
보내고 또 보내도 빈 몸으로 포근할 수 있음을,
주고 또 주어 아무것 없어도 풍요로울 수 있음을 깨닫는다.
내 안에 빛이 있고 모두에게 빛이 있음을 발견한다.
까불까불 아이처럼 가을 들녘 풀처럼 춤추고 싶어진다.
처음인 듯 세상을 마주하고 처음인 듯 사람을 맞이하게 된다.

이동진 화백의 그림을 그윽이 응시하며
심정자 시인의 시구를 나직이 읊조리면
우리네 인생살이란 것이
그대와

자연과

나와

그리고 신과

함께 가는 길임을 알아

새삼 고개를 주억거린다.

아무렇지도 않고 새로울 것도 없는 사철 발 벗은[*]

우리네 일상을 하염없이 따스한 시선으로 노래한,

심정자 시인의 '차분한 절창'을 그대에게 건네고 싶다.

---

[*] 정지용, 「향수」 인용

목차

작가의 말 • 5 | 추천의 글 • 7

1부 그대와 함께

살다 보면 *20*
낑귀 줘야 하나 *22*
라 캄파넬라 *24*
할머니는 행복합니다 *26*
쇼팽 녹턴이 내 안을 흘러
그대에게 가고 *28*
어쩌자고 *31*
그대가 함께 있다는 것이 *34*
봄비 맞으며 찾아온 손님 *36*
유쾌한 첫 경험 *38*
그녀가 잠든 시간 *41*
속 타기는 같아라 *43*
인생 예찬 *46*
인생의 뒤안길에서 *48*

지금 행복해요 *50*
나와 너, 함께 *53*
다정한 잔치 *55*
친구 *58*
나를 만났어 *60*
함께이네 *62*
찔레꽃 *65*
도분나네그려 *66*
다가오는 봄 *67*
노해(老孩)
이동진 선생님 *69*
소요유(逍遙遊) *70*
이제 알았어요 *73*
그리 알게나 *75*

2부 자연과 함께

아카시아 핀 언덕으로 가네 *80*
속절없는 사랑
– 파란 나팔꽃 *83*
함박꽃 지는 저녁 *84*
산속 축제 *86*
나무 이야기
– 천리포 수목원에서 *88*
봄이 오면 *91*
자작나무 숲에 *94*
비가 내려요 1 *95*
마음의 씨앗 *98*
여명 음악회 *100*
연초록 향연 *102*
목련을 바라보아야 하네 *105*
낙원으로
그대를 초대하네 *106*
거기 서 있었네 *108*
초록을 좋아하다가 *109*
해를 배웅하는 저녁은 *110*
석모도의 밤 *113*
새들은 곧 지저귈 것이네 *114*
겨울 숲 *115*
사려니숲에 *118*
도토리가 들려준 말 *119*
담을 넘고 말았어요 *122*
앵두가 익었어요 *123*

3부 나와 함께

길 *126*
구름은 지나가고 *128*
지금 내가 할 수 있는 것은 *131*
고맙고 고마우이 *133*
알아차리기만 한다면 말이지 *135*
새날이네 *137*
지금, 여기, 풍요롭습니다 *139*
친절하게 바라봐요 *142*
생각을 믿지 않는다면 *144*
어허~ 이 손님 좀 보소 *145*
손님 1 *147*
손님 2 – 꿈 *149*
'링링'이 지나는 날에 *152*
생각이었네 *154*
서설(瑞雪) 내리는 아침에 *155*
그런 거여 *158*
맨발로 걸어요 *160*
마음 정원 *163*
구름 *165*
감꽃의 고요 *166*
느티나무 잎이
흔들리고 있어요 *169*
날이 저물고 *171*
그게 다예요 *174*
그냥 행복하기로 *175*
아름다웠어요 *176*

4부 임마누엘

들꽃 – 나에게 *179*
봄비는 내리고 *181*
삶과 죽음 *182*
장마 가운데 *184*
구름을 보았네 *186*
뺑이 아닐지도 몰라 *188*
산들바람 부는 지금 *190*
두려움이여 어서 오게나 *192*
뽀드득뽀드득 *193*
내가 좋아 *195*
저만치가 보이지 않아도 *196*
촌티 폼 폼 *197*
먼 산 진달래 *199*
인생이라는 드라마에서 *201*
혼자, 또 같이 걸어요 *203*
함께 추실래요? *205*

편지 *210*
임마누엘 *213*
비가 내려요 2 *216*
선물 *218*
보듬는 시간 – 일몰 *220*
숲길에서 *223*
사랑의 언약 *225*
어린아이 되어 *227*
봄비 타고 오신 임 *229*
아기사과꽃 향에 *231*
달을 보며 *233*
고난 주간에 *235*
너무 애쓰지 말아요, 그대 *237*
숨을 주시네 *240*
가을 저녁 *241*
연서 가득한 초록별 *243*
기도하는 저녁 *244*
미소 지어요 *247*
함께 가는 길 *250*
그 빛이 *252*

1부

그대와 함께

살다 보면

살다 보면
호박꽃이 다정하게 느껴지는 날이 있습니다
뜬금없이
옆지기 코 고는 소리가 반가운 날이 있습니다

살다 보면
있는 줄 몰랐던 옥수수 꽃이 보이는 날이 있습니다
실없이 터져 나오는 옆지기 방귀 소리가
다정하게 들리는 날이 있습니다

살다 보면
도라지꽃의 진심이 느껴지는 날이 있습니다
새벽마다 일터에 가는
옆지기 진심이 느껴지는 날이 있습니다

살다 보면
호박꽃, 옥수수꽃, 도라지꽃…
모두가 꽃인 줄 알게 되는 날이 있습니다

심우도 – 심우

낑궈 줘야 하나

보이지 않는 낮달이 되어
보고 있었네
강화에서 오는 경식이를
서울에서 오는 미욱이를
말없이 내려다보았지

이리저리 장난치는 구름 사이로
보고 있었네
옷 벗은 할머니 셋이
함께 온천욕하는 모습을
흐뭇한 미소로 훔쳐보았지

촌에서 자란 친구들이
장에 가듯 만날 때마다 들르는
'노랑통닭' 집에서 치맥을 즐기며
그 시절 얘기하고 있을 때
달도 함께 술을 마시더군

파릇하던 여고 시절 얘기부터
꽃 이야기, 농사 이야기,
이제 곧 우리 삶이 될 요양원 얘기까지
듣다, 얘기하다, 코 골다,
밤새도록 함께한 저 달이
아침이 되니 자기도 친구라고 우기네

낑궈 줘야 하나

라 캄파넬라

'라 캄파넬라' 선율이
한 음 한 음
가슴에 박히네요

낮 기온 33도
아침부터 예사롭지 않지만
하늘은 하얀 구름 보여 주며 위로하네요

6월 태양 아래 푸른 잔디
건반 위 구르는 피아노 소리

시든 장미도 고운 아침
멍든 가슴 안고 올 학생을 기다려요

이 고운 빛을
이 아름다운 음을
어떻게 나눌 수 있을까요

심우도 – 견적

할머니는 행복합니다

사정공원 걷는데
손녀가 생각나네요

아장아장 앞서갈 때
넘어질까, 마음 쓰고

새로운 것 찾아 내달릴 때
다칠까, 긴장하며
뒤쫓던 길

혼자 걷는데

자작 자작
하브작 하브작
마음속에 손녀가 놀고 있네요

새로운 서울에서
엄마 아빠랑 신난 손녀

할머니가 마음에 있을 리 없건만

손녀와의 추억을 만지작거리는
할머니는 행복합니다

쇼팽 녹턴이 내 안을 흘러 그대에게 가고

음악과 커피,
책과 꽃,
멀~리, 마음 전할 수 있는 그대가 있네요

여행지가 아니고
산이 아니고
바다가 아니어도
행복해요

자세히 보니
이 꽃 안에 다 있네요
우주도
사랑도
그대도

가만히 들어 보니
이 음악 안에 다 있어요
행복도

의미도

쇼팽 녹턴이
내 안을 흘러
그대에게 가고

분홍 조팝꽃 고움이
그리움으로 머무네요

심우도 - 견성

어쩌자고

어쩌자고
이 엄동설한에
삭막한 화단에 피어 있는가?

알겠네
내 마음에 미소가 번지는 것을 느꼈네
그대가 거기 있으므로

어쩌자고
눈보라 휘날리는 겨울밤
차디찬 거리에 앉아 있는가?

알겠네
내 마음 함께 달려 나가는 것을 보았네
그대들이 거기 키세스 되어 있으므로

겨울 한가운데 아파트 화단에 핀 노란 소국
눈 내리는 밤 한남동 거리를 밝힌 키세스 청년

그대들이 거기 있어
따스하고 부드러운 것이
마음속에 꿈틀거리네

심우도 – 망우존인

그대가 함께 있다는 것이*

그냥 걸었네
거기 동산이 있었기 때문이지
햇볕 따스했고
사방에 친구들 있었지

작은 꽃들 노래하는
푸른 숲을 지나
걷고 걸었네
그 어느 때쯤 만난 그대

함께 걷는 길은 험산 준령
구르고 넘어지고
다시 걷기 힘든 날도 있었지
등짐 벗어 던지고
혼자 걷고 싶을 때도 있었다네

시나브로 계절이 지나
정상을 밟고

내려오는 길이 되었네

뉘엿뉘엿 해가 지는 낙엽길에
그대가 함께 있다는 것이
얼마나 위안이 되는지

※ 결혼 40주년 기념일에

봄비 맞으며 찾아온 손님

권력으로 사익 추구하다
불안하고 초라한 노년을 맞는 사람,
성욕을 오용하여 쭈굴해진 그,
정의를 찾아 애쓰는 사람…

우리는 누구인가?
우리가 가는 길은 어떤 길인가?

봄비 내리는 아침
창문 열고 빗소리 듣습니다

조팝나무 새순을 지나
노란 산수유꽃 안고
봄비 맞으며 찾아온 손님

그는
사랑이었습니다

먼저 여행한 선배들이 알려 준 그것
지구별 여행에서
꼭 지니고 다니라고 당부했던

이 아침
커피 한 잔 나누며
끌어안습니다

유쾌한 첫 경험

중앙시장 둘러보다 문득
중앙시장 좌판 순대가 그립다는
고향 떠난 친구 말이 생각나서
앉았어유

늘어선 좌판마다
이미 얼콰해진 아자씨들이
쐬주잔을 기울이네유

처음 보는 남정네가
허물없이 느껴지는 것은
좌판에 같이 앉아서 그런가벼유

쐬주 한잔 권하며
맛난 부위 대창 순대
내 접시에 얹어 주네유

이거 작업인가유?

작업이믄 어때유

유쾌한

첫 경험이구만유

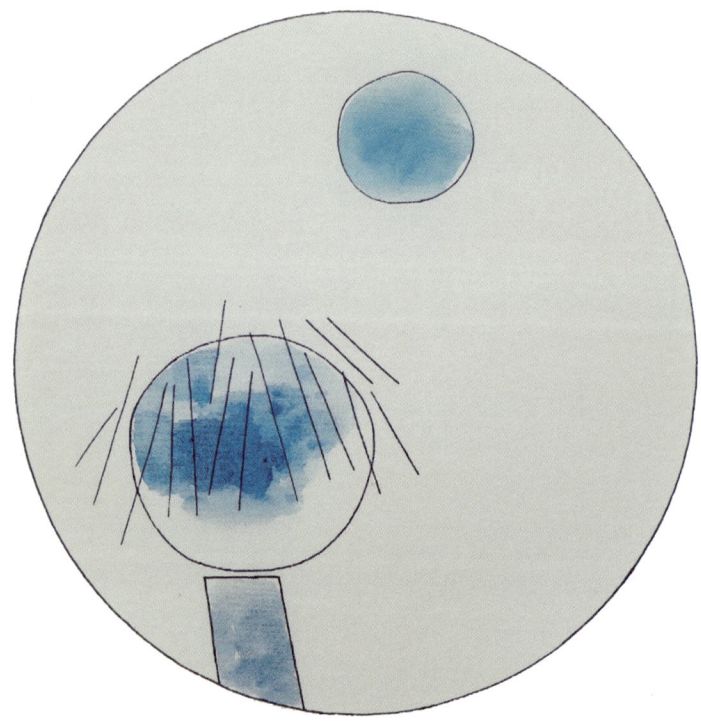

심우도 - 반본환원

그녀가 잠든 시간

그녀의 구역을 정한

유아용 펜스를 붙잡고

"어~ 어이~~ 어이" 부르다가

바라보면 헤헤거리며

유혹하네요

위험한 물건 있는 곳은

어디든

그녀가 기어가야 할 방향

손에 잡히는 것은

무엇이든

그녀 입으로 직행

응가 문지를까?

열두 번도 더

엉덩이에 코 박고 킁킁거려요

떨어진 감각
느려진 신체
깜냥 다해 쫓아다니다.

그녀가 잠든 시간

사방이 고요
가득한 평화

그녀의 선물이네요

속 타기는 같아라

할머니 손에 들려 있는
감기약과 우유과자

"감기약 먹고"
한 발짝 뒷걸음질하며
"이이잉~~"

"우유과자 먹자"
한 발짝 다가오며
"네~~"

"감기약 먹고":"이이잉~~"
"우유과자 먹자":"네~~"

"감기약 먹고":"이이잉~~"
"우유과자 먹자":"네~~"

감기약 먹이고 싶은 할머니와

우유과자 먹고 싶은 손녀

속 타기는 같아라

심우도 – 목우

인생 예찬

아홉 살 손녀는
전화 걸어 동생에게 건네고
네 살 손녀가
"할머니 우리 집에 오면 안 돼?"를 반복하네요

돌아올 때쯤
아홉 살 손녀가 "수아야 할머니 이제 간대"
네 살 손녀는 "앙~~~ 가지 마"를 반복하지요

네 살은 마음대로 마음을 표현하고
아홉 살은 혼나지 않을 방법으로 마음을 비쳐요

서른 살 엄마 아빠는
예의 바른 자녀로 키우려 마음 쓰고요

환갑 지난 할머니는
그저 웃지요

고운 새싹이 사랑스럽고
짙푸른 잎은 믿음직해요

단풍 들고 벌레 먹은 잎이
아름다운 건

봄 새싹의 고움과
한여름 녹음의 열정이
다 녹아 있기 때문이지요

인생의 뒤안길에서

대둔산 자락 어느 마을
반쯤 누운 느티나무 아래서
할머니를 만났어요

"친구 데리고 온다고 한 사람여?"

"나 아무것도 달라고 안 햐"

"뭐 사 달라고도 안 햐"

"나이는 몰러. 개띠여 개띠"

"친구 기다려"

인사하고 돌아서면 말씀하시고
다시 돌아서면 또 말씀하시고
발길을 붙잡으시던 할머니 모습이
몇 날 며칠이 지나도록 머릿속에 맴도네요

살아온 날들이 가물가물
걸어갈 앞날도 희미해진
인생의 뒤안길에서

나는 너에게
너는 나에게
친구가 되어 줄 수 있다면
얼마나 아름다울까요?

지금 행복해요

지금 행복해요
창문 통해 들어오는 햇살 따뜻하고,
작은 새소리 들려요

쌓인 감정에 북받쳐 우는 학생
스포츠토토 하는 아들의 우울한 전화
사회 불의, 기독교 비리를 성토하는 단톡 문자
건강 검진 결과로 걱정하는 언니 문자
고혈압, 당뇨 전 단계, 비문증 등 몸의 노화

여러 생각과 감정이 오가요
연민, 불안, 걱정, 감사,
물끄러미 바라보고 놓아주어요

들숨 날숨
아무것 하지 않아도
숨이 들어오고 나가요

어제저녁 받은 생일 선물에
마음이 따뜻해져요
목사님께서 나이만큼 예순세 개,
생밤을 까서 보내셨어요

햇빛이 비치기도, 비바람이 불기도 하지요
따뜻하고 포근하다가,
춥고 어둡고 두려운 시간이 오기도 해요
이것이 자연이고 인생이지요

지금 행복해요

심우도 – 득우

너와 나, 함께

우리가 연결되어 있음을
코로나가 알려 주네요

차단 마스크 쓰고, 손잡지 않는다 해도
너와 나 사이 보이지 않는 연결이 있음을…

네가 건강해야 나도 건강하고
네가 웃어야 나도 웃을 수 있는데,
옆 나라 향해 총 쏘는 나라는 뭔가요

옆에 있던 아기가 울면
이유 없이 따라 울던 아기를
그 무엇이
포악하고 자기만 아는 어른으로 만들었나요

가만히 피어 웃는 봄꽃을 보아요
자신의 색으로
자기만의 모양으로

미소 짓는 꽃들 보며

너와 나, 함께

잠시 지구별에 머물다 감을…

다정한 잔치

코로나로 음식은 못 차렸지만,
다정한 잔치를 열었어요

'책 이야기 마당'을 한다는 명목하에
보고 싶은 사람들을 불렀지요

누군가는 자신의 장례식 대신
살아 있을 때, 그리운 이들 불러
고별식 한다고 들었어요

고별식은 한 번일 수도 있고,
여러 번일 수도 있겠어요
괜찮은 방법이지요?

"그래~ 좋아
내가 죽은 다음에 누가 오는지 난 모르잖아
살아 있을 때 보고 싶은 사람 만나야지"

인생길에서
좋은 사람들 만나
맛난 음식과 마음 나누는 일만큼,
다정한 일이 있을까요?

또 얼마쯤 지나
책 썼다고, 사람들 불러야겠어요

심우도 – 입전수수

친구

열여섯에 기차 통학 같이하던
식이와 욱이와 자야가
예순여섯에 만났네

외딴 바닷가 펜션에서
모닥불 피우고
소쩍새 노래 안주 삼아
와인을 마셨지

밤 이슥하도록
올해 심은 꽃 이야기
텃밭 농사 이야기
여기저기 아팠던 이야기

함께
모닥불가에서 소쩍새 노래 듣고
아침 바다 윤슬 바라보았지

아침 해 돋고
파도 철썩대는 해변
다시 화초 이야기, 텃밭 이야기, 건강 이야기

같이
바람에 실려 왔다,
구름처럼 흘러가네

나를 만났어

기차 타고
너를 만나러 가는 길
겨울 산과
강가에 노니는 두루미를 보았어

청풍호 변 높은 언덕, '벤티첼로'에
커피 같은 네가
호두과자 같은 나를 기다렸지

호수 물들이며 해가 질 때
주홍빛 너를 만났고
주황빛 나를 보았어

오리온, 카시오페이아, 황소 눈알, 목성…
까만 하늘에
네가 있었고
나를 찾았지

모닥불 피우고
고구마, 마시멜로 굽는
너를 보았고
나를 만났어

'아버지의 해방일지'를
함께 읽으며
네 눈물을 보았고
내 가슴이 뜨거웠어

낯선 도시 제천에서
네가 웃었고
내가 좋아졌어

함께이네

짙게 선팅된 관광버스 창문 밖에
비가 내리고
멀리 보이는 봄 산
흐릿하네

창밖 풍경 뿌옇게 보여도
마음속에 반짝이는 연두 새잎
또렷해지네

종일토록 비 내리고
기형도 시인 문학관 돌아보고
내려가는 길

'나의 생은 미친 듯이 사랑을 찾아 헤매었으나
단 한 번도 스스로를 사랑하지 않았노라'*

시 한 구절 읊조리며
요절한 시인 생각에 슬픔 아련한

지금 여기

전해 오는 다정함 생생하네

희미해도 또렷이 보고

만날 수 없어도 가까이 느끼는

오늘 지금

나무도, 그도, 나도 함께이네

※ 기형도, 「질투는 나의 힘」 인용

심우도 – 견우

찔레꽃

봄비 내리는 아침
예순여섯 할아버지
가시덤불 헤치고
꺾어 온 찔레꽃 몇 송이

버려진 커피 컵에 담겨
책상 위에 놓인
다 피어 버린 하얀 꽃

고향 마을 언덕
설레던 향기

흰머리 할머니
아득한 청춘을 깨우네

도분나네그려*

차 안에서 투덕대기는 해도
벚꽃 흐드러진 대청호 변까지는
둘이 왔네만

차에서 낮잠 자겠다는
할배 남겨두고 꽃길 걷네

언덕배기 복사꽃
저만치 수줍은 진달래
그리운 시절 소환하고

머리 위 새들 포롱포롱 꽃잎 떨구지
젊은 연인 코앞에서 뽀뽀해 대지

혼자 걷는 할매
도분나네그려

* 도분나다: '화가 나다'는 뜻의 사투리

다가오는 봄

하늘은 하늘색
산은 산색
수선화는 노란색
자신의 색으로 당당한 세상

계곡물 졸졸졸
새들 삐리리 삘삘

서로 해치지 않고
제소리 내는 세상

봄바람 지나는 들판
먼 산 너머

계엄의 폭풍 지나
정의가 흐르는 평화로운 세상

다가오는 봄

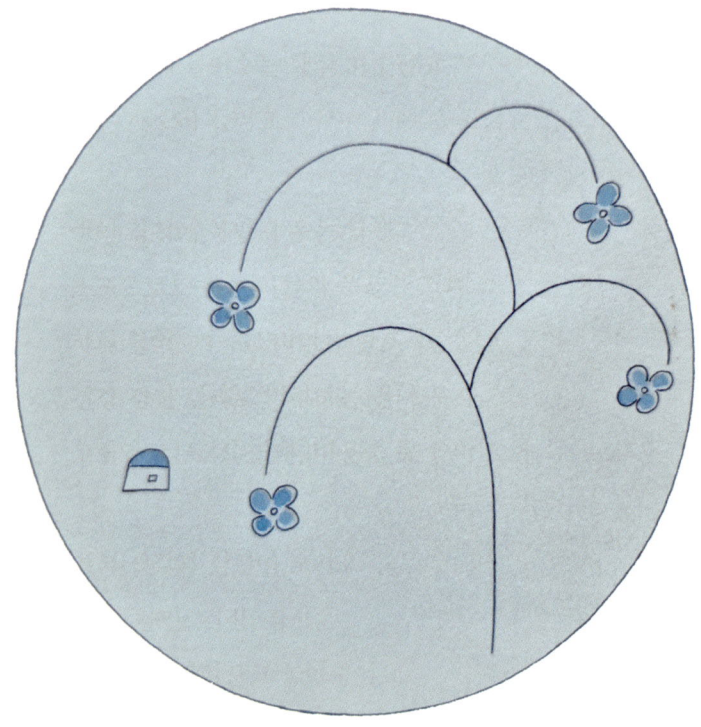

심우도 - 출가

노해(老孩) 이동진 선생님

떡두꺼비 같은 할아버지를 보셨나요?
그 목소리 맑아서 갈 언덕 지나는 바람 같고요
그 그림 따스해서 군불 땐 아랫목 같아요

수염 난 소년 같은 할아버지를 보셨나요?
그 수수함 흐르는 강물 같고요
그 작품 푸근해서 고향 같다니까요

충청북도 증평에서 홀로,
그림과 사랑에 빠진 할아버지 소식 들었나요?
대한민국 명산, 어머니, 정(情)이 담긴 판화와 그림을 그리셔요
그 작품은 고유한 함축미(含蓄美)가 담겼어요

울라프보다 귀여운 할아버지를 아시나요?
겨울에도 난방하지 않고 겨울왕국에 사셔요
겨울이 너무 춥지는 않았으면 좋겠어요

소요유(逍遙遊)

유유자적 노닐라네
인생 소풍 즐기라네

붕새는 붕새로
뱁새는 뱁새로
생긴 대로 훨~ 훨~

커서 쓸모없는 바가지
물놀이할 때 쓰이고
울퉁불퉁 가죽나무
그 그늘에 쉬기 좋아라

쓸모없음이 바로 쓸모가 되니
고저장단, 시비, 미추
구별할 게 무엇인가?

나는 나로
너는 너로

생긴 대로 훨~ 훨~

에헤라디야
얼씨구 좋다~

오늘 밤 여기, 삼성동 은호빌딩 5층, 옹달샘터에
연우, 두환이, 승호, 조년이, 하얀이, 종희, 정자, 주용이
감잎차에 군고구마 먹으며
장자(莊子)와 함께 노닐고 있네

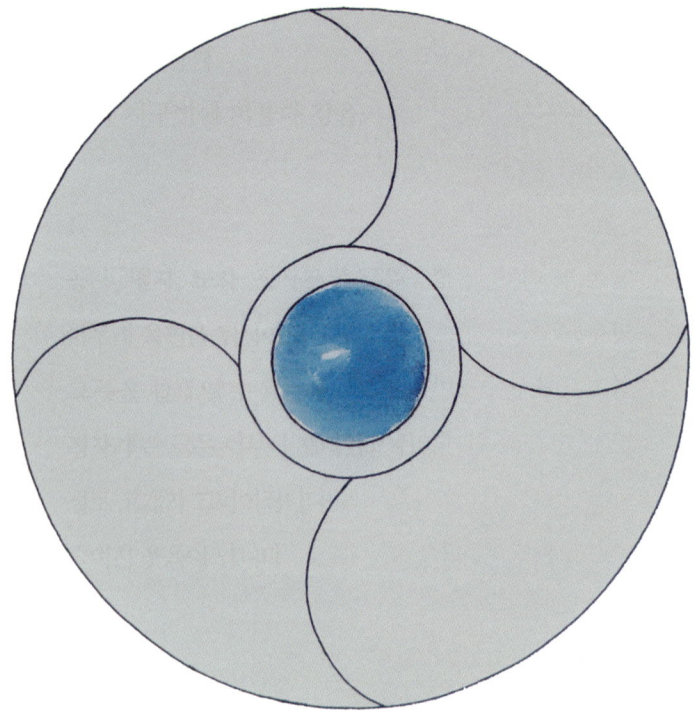

심우도 - 인우구망(人牛俱忘)

이제 알았어요

골목에서 갑자기 튀어나오고
차 사이 요리조리 곡예하는
배달 오토바이를
못마땅하게만 생각했어요

'식당에서 음식 준비해 놓고 기다릴까?'
'배달이 늦어질까?'
정신없이 달린다는 것을
이제 알았어요

아스팔트 위 무지막지한 열기를
차 뒤꽁무니에서 사정없이 뿜어내는 매연을
온몸으로 받아 내며 견디고 있다는 것이
이제 느껴져요

비옷 입고
헬멧 쓰고
비지땀 흘린다는 것을

알게 된 것은

배달 오토바이를 타는 아들 덕분이에요

그리 알게나

그리 알게나

오늘 아침은 발이 시렸네
혼자 걸었지

구름이 자유로이 노닐어서
친구 생각이 났어
옆에 있다고 생각하며 걸었네

그리 알게나

낙엽이 밟혀서
그리워졌네
손을 잡았다고 생각하며 걸었네

그리 알게나

햇살이 조금씩 드리우고

나뭇잎이 반짝이더군
친구 마음이 느껴져서 따스했다네

그리 알게나

나 여기
친구와 함께 있다네

심우도 – 기우귀가

자연과

나와

그리고 천지

인간 각자 걸어온 만큼

세상, 그것은 과학이었다......

2부

자연과 함께

아카시아 핀 언덕으로 가네

비 맞으며
아카시아 핀 언덕으로 가네

살고 싶지 않다고 외치는 이 곁에서
마음에 비가 내려도
비 맞으며 아카시아 꽃그늘 아래로 가네

나라를 구하겠다고
어처구니없이 소리치는 이들이 있어
마음에 바람이 불어도
아카시아 향기 맡으러 가네

오늘은 아카시아 꽃이 피는 날
지금은 아카시아 향기가 퍼지는 때
그 자태, 그 향기에 주목하겠네

꽃처럼 웃고
꽃향기에 취해

지금을 살려 하네

그 미소
삶에 지친 이에게 전해지고
그 향기
세상 권세에 취한 이들 깨우지 않겠나?

아카시아 핀 언덕으로 가네

해 질 녘(느티나무 10) / 목판화

속절없는 사랑 - 파란 나팔꽃

언젠가
오시겠지

기약 없이 떠난 주인
기다리다 멍든 가슴
꽃으로 피었나?

무너지는 담장
녹슨 대문 둘러싼
파란 나팔꽃

날마다
아침 일찍
단장하고 마음 다독이네

그리움 감아
지붕 위까지
올라 봐도
보이지 않는 임이여

함박꽃 지는 저녁

해 질 무렵
함박꽃 지고 있네
바람 지나며 꽃 흔들어
은은한 향기 퍼뜨리네

지구는 태양을 돌고
함박꽃 지고 있네

너덜너덜 뭉개진
마음속 짐 보따리
돌고 있는 지구 위에 실어 놓고
빈 가슴으로 앉아 있네

함박꽃 향기 들락날락
가슴속 상처 쓰다듬고
작은 새들 소곤소곤
지친 마음 어루만지는 저녁

함박꽃 지고 있네

굴렁쇠(느티나무 9) / 목판화

산속 축제

자작자작
빗물 받아 내리는
나뭇잎 노래

살푼살푼
마음밭 적셔 오네

산새들 얘기
정겨운 사정공원

녹음 짙은
7월 오후

초대받은 사람 1인
다람쥐 2마리
산새 3가족

함께

또 홀로

좋을시고
산속 축제

나무 이야기 - 천리포 수목원에서

수목원 산책 5일째
이제야 나무 이야기가 들려요

귀한 피톤치드 마구 내주면서
수다를 떨기 시작하네요

아이비가 몸을 감아서 답답했던 이야기,
태풍 불 때 옆에 있는 친구 생각하며 버틴 이야기,
청설모 솔방울 따갈 때 간지럽던 이야기,
새들이 집 짓고 새끼 키울 때 같이 마음 썼던 이야기…

자신의 자리에서
모든 걸 받아들여야 하지만
바람이 친구 해 줘서
견딜 수 있다고 하네요

때를 따라 내리는 비
날마다 비춰 주는 햇빛

고마울 뿐이라며

웃네요

가오리연(느티나무 5) / 목판화

봄이 오면

한밭수목원으로
봄이 어디쯤 오고 있나 마중 갔어요

장에 가신 엄마 마중 갈 때처럼
이른 줄 알면서도

수목원에 들어서니
봄 마중 나온 이들이 많네요
까치, 산비둘기, 직박구리, 참새, 박새…

저마다
겨울 견딘 얘기로 왁자지껄했어요

까치는 너무 추워 똥을 쌌는데
바로 얼어서 떨어지더라고 하고
박새는 화장실도 못 가고
집에서 볼일 봤다고 하네요

산비둘기 둘이 두런두런
사랑 얘기 나누며
봄이 오면 개암나무 아래서 결혼한다네요

직박구리, 박새, 참새
너도나도 결혼식에 초대했는데요
까치가 너무 떠들어서
잘 못 알아들었어요

봄이 오면
날마다 와 봐야겠어요
결혼식에 오겠다고는 했는데
어느 날, 어느 나무 아래인지…

집으로 가는 길(느티나무 6) / 목판화

자작나무 숲에

어렵사리 찾은
백두산 자작나무 숲,
아롱아롱 보이는 이가 있네요

그 숲에
사랑했던 사람이 있어요
태어나기 전부터 알던 사람
그이가 기다리고 있네요

그 숲에
사랑하는 사람이 있어요
말하지 않아도 서로를 아는
그이가 거기 있어요

오래도록 사랑하고픈
대지처럼 푸근한 그이가
그 숲에 있어요

비가 내려요 1

추적추적
비가 내려요
고향 집 앞마당에 떨어지던
그 비인가요

부스럭부스럭
비가 내려요
우산 없이 걷던 길에 내리던
그 비인가요

짤그락짤그락
비가 내려요
혼자 있을 때 말 걸어오던
그 비인가요

다 아니어도 좋아요
반가워요

고구마, 땅콩, 참깨 기르는 아저씨
타들어 가는 맘 적셔 줘서 고마워요

추적추적
호박 부침개 부치고

부스럭부스럭
막걸리 한 잔 기울여

짤그락짤그락
노래 불러요

추부짤 추부짤
적스락 적스락
비가 내려요

땅거미(느티나무 11) / 목판화

마음의 씨앗

가을이 깊어 가는 날
경기도 가평 화악산 기슭에서
햇빛과 바람
시냇물이 물었어

"네 안에 씨앗이 있니?"

한참 뒤적여도
나오는 게 없었지

바람이
"괜찮아"

햇빛은
"사랑해"

시냇물은
"언제나 네 곁에 있어"

바람과 햇빛과 시냇물이 준 선물

마음의 씨앗을
가슴 깊이 심었네

여명 음악회

〔1부〕

풀밭에 숨어
조용조용
가늘고 긴 음
영혼까지 와닿는 연주

고요
평화
기쁨
감사를 선물 받았어요

그러고는
박수도 치지 못하고
걸어 나오는데
이런 말을 하네요

이 세상을
함께 살아서 기쁘다고요

[2부]

노래해요 지금

미움
염려
화
고통

풀어 봐요, 여기

그대로
있는 그대로

연주해요 함께

사랑하는 이여
아름답지 아니한가요!

연초록 향연

연
초
록

숨을 쉬게 하네요
노래 부르게 해요

코로나 19도
세상 염려도
죽음조차도
다 잊게 하는 초록

반짝이는 햇빛 아니어도
살랑이는 바람 아니어도
새들 노래 아니어도

걸음을 뗄 수 없어요

연초록 언덕

밭일하시던

아부지랑 엄마 보이고

봄맞이꽃 위에 나비가 날아요

연초록 향연에

어린아이가 되어요

길고 긴 겨울밤(느티나무 12) / 목판화

목련을 바라보아야 하네

하늘이 환한 오늘
목련을 바라보아야 하네

화나고
슬프고
답답한 세상일지라도

오늘은
꽃그늘 아래 앉아 보세

그 일을 다 알고 있는
목련이 웃고 있지 않은가?

모든 것 견디고 핀
꽃의 얘기를
잠잠히 들어야겠네

내일은 비 예보가 있네

낙원으로 그대를 초대하네

모든 걸 잊게 하는 길이었네
어두운 세상사 떠올릴 겨를이 없었지

얘기 좀 들어 보게나
연초록 나무 사이 햇살이 비추고
새들 지저귀더군

눈 두는 곳마다
서로 다른 새잎 반짝이고
길가에 구슬붕이, 양지꽃, 고깔제비꽃,
자주괴불주머니, 미나리냉이꽃…
꽃들이 웃고 있네
어찌 같이 미소 짓지 않을 수 있겠는가!

2025년 봄, 식장산!
낙원으로 그대를 초대하네

느티나무 3 / 목판화

거기 서 있었네

물 댄 논에 오리 두 마리
놀고 나는 저녁
거기 서 있었네

바람 서성이고
연못가 붓꽃 몸 흔드는 저녁
우두커니 서 있었네

뒷산에 둥근 달 떠오르고
개구리 소리 요란해지는 저녁
짝 찾으려고 시끄럽다는 일흔일곱 언니 곁에
말없이 서 있었네

하늘에 구름 서성이고
물 댄 논에 오리 노니는 저녁
거기 서 있었네

초록을 좋아하다가

초록을 좋아하다가
초록 물이 들고 말았네

이제 나도
누군가에게
초록이가 되어야겠어

꿈을 주고
쉼을 주는

비슷한 듯 달라도
자기 색이 더 곱다고
더 진하다고 주장하지 않고,
어우러져 아름다움을 완성하는
초록이가 되고 싶네

함께 비 맞고
바람 견디며
초록에 기대어 살고 싶네

해를 배웅하는 저녁은

해를 배웅하는 저녁은
책장 넘기는 시간이구나
바람의 시 읽고
구름 속 소설 읽네

해를 배웅하는 저녁은
음악 감상하는 시간이라네
웅장한 교향곡 듣고
달콤한 사랑 노래 듣네

해를 배웅하는 저녁은
데이트하는 시간이지
말없이 내 손잡고
다정하게 네 손잡는

해를 배웅하는 저녁은
함께하는 시간이구나
산수유, 진달래 오가며 노래하는 새들과

멀리서 바라보는 달님이 있네

해를 배웅하는 저녁은
기도하는 시간이라네
돌고 있는 지구별에서
걷고 있음에 감사하며

느티나무 2 / 목판화

석모도의 밤

같은 하늘 아래
새들 왕래하는
조오기 물 건너
고향을 두고

하늘만 바라보다
새들 편에 안부만 전하다,
해가 저무네

소쩍새 소쩍소쩍
고향 잃은 슬픔 노래하고

별들 토닥토닥
애달픈 마음 달래는

석모도의 밤

새들은 곧 지저귈 것이네

덤불 위 눈 내리기 시작하고
나뭇가지마다 눈 쌓일 때
새들은 숨죽여 느끼고 있네

덤불 속 요란하던 전쟁을
나무 사이 휘몰아치던 바람의 여정을
돌아보고 있네

기억해 둘 것 있을까?
눈 쌓여 대지 덮어 버리면
하얀 세상인 것을

적어 놓을 것 있을까?
봄볕 들면 새싹 돋고
다시 푸른 계절이 오는 순리를

새들은 곧 지저귈 것이네
오늘 받는 햇볕으로 충분하다고
지금은 지금의 바람을 견디면 된다고

겨울 숲

봄날의 여린 잎
고운 꽃

짙푸르던 여름
곱디고운 가을 잎까지

다 보내 주고
빈 몸으로 선 겨울나무

온몸 햇살 받아
포근한 품에
박새 안고 어르네

보내고 또 보내고
빈 몸으로도
포근할 수 있음을

주고 또 주어

아무것 없어도
풍요로울 수 있음을

겨울 숲이 보여 주네

행복(느티나무 8) / 목판화

사려니숲에

삼나무 숲 아롱진
잎새 빛마다
친구 얼굴 있네

말없이 웃다가
철 지난 얘기 속닥이다가
가만히 와서 손잡고
장난스레 숨어 버리는

함께 있으니 따뜻하고
그냥 있어도 편안한
울고 싶기도 하고
한바탕 크게 웃어 버리고 싶은

사려니숲에
친구가 있었네

도토리가 들려준 말

산길 걷는데
발 앞에 도토리가 떨어졌어요

후두둑~
후두둑~
여기저기 낙하하는 도토리

귀여운 도토리를 주워 봅니다

아팠을까?
무서웠을까?
아니, 자유로이 날았을지도 몰라

뚜껑에 꼭 끼인 채,
나뭇가지에 매달려 꼼짝없이 지낸 푸른 계절이
어쩌면 지루했을 수도 있지

땅에 내려앉은 도토리와 얘기했어요

어디로 가고 싶어?
어떻게 되면 좋겠어?

다람쥐가 물어 가 그들의 양식이 될 수도 있고
야들야들한 도토리묵이 될 수도 있지
겨울밤 외로운 이의 도토리차가 될 수도 있고,
땅속 깊이 숨었다가
따뜻한 봄날 새순을 틔울 수도 있잖아?

어떤 것도 너의 선택은 아니겠지만,
네 마음이 원하는 것이 어떤 건지 궁금해

도토리야
도토리야
너는 말하지 않았지만 너에게 배운 게 있어

기쁨으로,
다가오는 시간을 받아들이는 거 말이야
네가 오늘 내게 들려준 말이란다

땅따먹기, 말놀이(느티나무 7) / 목판화

담을 넘고 말았어요

참을 수 없어
담을 넘고 말았어요

사무치는 그리움
녹슨 철문 위로
녹아내려요

파란 하늘 흰 구름은
다 알면서
바람만 살랑이네요

길 가는 이여
혹시 주인님 만나거든,
대전 선화동 그 집에서
능소화가 기다리고 있다고 전해 줘요

앵두가 익었어요

앵두가 익었는데요
혼자예요

앵두 따는 것을 좋아하는 손녀는 학교 갔고요
'톰과 제리'라 불리며 같이
앵두 따 먹던 동료는 명퇴했어요

앵두가 익었어요
손녀랑 같이 앵두를 따요
멀리 있지만 마음속, 바로 곁에 데려왔거든요

앵두가 익었어요
자기가 톰이면서 나보고 톰이라 했던 동료랑
앵두를 먹어요
마음속에서요

앵두가 익어서요
손녀도 부르고

동료도 불렀어요

햇살도 왔고요
살랑바람도 왔어요
직박구리랑 까치도 저만치서 바라보네요

앵두가 익었어요
혼자가 아니에요

3부

나와 함께

길

길 없는 길 나서네

주어진 길 걸어왔지
안내된 대로,
길이라고 생각되는 곳만 걸었다네

때로 쉬고 싶을 때도,
무리에 뒤처지지 않아야 한다고 생각하며 걸었지
가 보고 싶은 곳 있어도,
무리와 함께 가야 한다고 생각하며 걸었다네

걷다 보니 길은 길로 이어진다는 것을 알았어
강 하구에서는 모두 만나게 된다는 것을 알았다네

이제
쉬고 싶을 때는 늘어져 보고
숲으로 난 오솔길도 걸어 보고
함께 걷는 사람들 손 잡고,

둥실둥실 춤도 춰 봐야겠어

햇빛 고우면 햇빛 누리고
바람 불면 바람을 맞아야겠네
지나가는 개미에게 말 걸어 보고
언덕에 핀 작은 꽃 얘기도 들어 봐야지
새가 날아가면 팔 벌리고 따라가 보겠네

흰머리가 바람에 날리는 시간
허허롭고 풍요로운 때이네그려

마냥
미소로 대할 수 있는 길에 서 있네
모두와 손잡고 걸을 수 있는

구름은 지나가고

새벽 댓바람에
하늘과 구름이 불러서 나갔어요

찌르르 찌르르
풀벌레 소리
사스락 사스락
플라타너스잎 흔들리는 소리

동녘 하늘이 환해지고
구름이 빠르게 지나갑니다
여름 구름은 자리를 비켜 주고
가을 구름이 오는가 봅니다

하늘 가득
지나는 구름 보며
내 마음 안에 채워지고 지나가는 것들
대비해 봅니다

염려의 잿빛 구름

두려움의 회색 구름

평안의 하얀 구름

연민의 오렌지 구름

…

흘러갑니다

구름은 지나가고

구름 위

텅 빈

파란 하늘이 있다는 사실이

기쁨으로 다가오는 아침입니다

부모은중경 – 구경연민은

지금 내가 할 수 있는 것은

아스팔트 위에 비가 내리고
오래된 도심 조그만 카페 창가에 앉았습니다

제라늄 화분 길가에 나란히 서서 비 맞고
앙드레 가뇽의 피아노 음악이 흐르는 지금,

방호복으로 감싼 채 일에 집중하는 사람들,
코로나 19에 걸려 두려운 사람들,
어린이집에 처음 등원하는 3살 손녀

거센 물결 휘몰아치는 강물이 떠오릅니다
함께 흐르지만 서로 다른 지점을 지나는 강물

지금,
내가 할 수 있는 것은
아스팔트 위에 떨어져 동심원 그리는 비를 보는 일,
바리스타 할아버지 맷돌 돌려 커피 가는 것 보며
그윽한 향기에 취하는 일,

비 맞으며 서 있는 화분의 꽃을 멍하니 보는 일,
가농의 잔잔한 피아노 연주를 듣는 일입니다

고맙고 고마우이

평범한 날에,
코털을 알게 되었네
어둡고 축축한 곳에서 홀로
이물질 침투를 막고 있었다는 것을

부드러운 바람 지날 때,
불현듯 그대, SA 노드를 생각했다네
엄마 뱃속에서부터 쉼 없이 발전(發電)하여
심장을 움직이게 했다지
한순간도 쉬지 않고 말이야

햇살 투명한 시간에,
그대, 랑게르한스섬도 떠올랐다네
깊숙한 곳에서 조용히 인슐린을 내보낸다고?
그런 중요한 일을 하면서도
자신의 공을 내세우지 않았네그려

별일 없이 고요한 시간에,

아기를 보호하고 지켜 낸 자궁
오랫동안 외롭고 쓸쓸한 날들
견디고 있는 너를 생각해 냈어

평범한 날에 말이지
쭈글쭈글해진 피부
자네도 부드럽지만 강하게 몸을 지키는
최전방 사수라는 것을
생각해 냈네

온몸 다니며 영양분을 주고,
필요 없는 것들 받아 내는 림프,
몸에 침투한 세균과 바이러스를 방어했다지?

평범하고 평범한 날 오늘 말이야
늙은 육신 구석구석에서
애쓴 그대들을 떠올리며
마음 따뜻해지네

고맙고 고마우이

알아차리기만 한다면 말이지

기억이 나일까
경험이 나일까
업적이 나일까

이런 것들은 모두 변한다네
그대로 머무는 것은 없지

가끔 알기도 하지만
대부분 시간 잊고 지내는

언제나 그대로인
고요, 평화, 성령!

상영되고 있는 영화의 스크린 같은
지나는 구름 속 하늘 같은
'내'가 있다네

알아차리기만 한다면 말이지

부모은중경 - 임산수고은

새날이네

새날
새날이네

처음인 듯
세상을 마주해야지

알지 못하는
멋진 사람 만난 것처럼
경외심으로 맞이하고

처음 보는
나무 보듯
호기심으로 바라봐야지

오늘 생기는 일들에
어떤 재미난 구석이 있는지
장난기 어린 눈으로 바라봐야지

아이가 된 새날은
오월처럼 푸르르고
정답다네

판단이 없는 새날은
바람처럼 자유롭고
평화롭다네

날마다 새날
새날이라네

지금, 여기, 풍요롭습니다

잔뜩 흐린
해운대 바닷가를
혼자 걸었습니다

발바닥을 간질이는 모래
느닷없이 다가와
종아리를 후려치곤 웃어 젖히는 파도

공식적인 목적은 연수 참여
사적인 목적은 해운대 바다랑 놀기입니다

바다가 한가득인 창가에 앉아
마음속에 펼쳐지는 영화를 봅니다

이런저런 생각
여러 색의 느낌
그냥 바라봅니다

백악관에 간 대통령 생각,
환상적인 불빛의 돛을 달고 밤바다를 지나는
요트 안 사람들에 대한,
내 안의 생각과 느낌이 흘러가는 것을
물끄러미 바라봅니다

홀로 앉아
내 안의 영화를 보고 있는
지금
여기
풍요롭습니다

부모은중경 – 회태수호은

3부 나와 함께

친절하게 바라봐요

한반도 서쪽 끝
천리포 해변에
누웠어요

철썩이는 파도에
울렁대는 두려움

사랑하는 이들이 아프네요
할 수 있는 것이 없어요

긴장한 마음
물끄러미 들여다봐요

두려워하는 마음
친절하게 바라봐요

숨 들이쉬고
고요

숨 내쉬고

고요

철썩이는 파도

몰려오는 평화

생각을 믿지 않는다면

오랫동안 기다리던
비를 맞는 가로수
환희의 작은 몸짓 보네

혼자 앉은 카페에서
촉촉한 재즈 피아노 음악이
몸속으로 스며드네

지금 일어나고 있는 모든 일들이
선물이며 기쁨이라고 말하는
그녀의 책을 펼치고
가만히 마음 들여다보네

생각을 믿지 않는다면
있는 그대로
지금을 받아들인다면

이미 내 안에
기쁨 찰랑이네

어허~ 이 손님 좀 보소

겨울나무에 새순 돋듯
따스한 감격 몰려와
글로 적었지 말입니다

블로그에 적고
페이스북에 공유하고
반응 살피는데
별 관심 없는 즈음에 말입니다

슬금슬금
들어와
쓸쓸한 바람 한 송이 피워 놓는
이 손님 좀 보소

알아주기를
공감해 주기를 바라는 그대

좋소

앉아 보소

차 한잔 같이하입시더

'내'가 있지 않소
내 안에 나
그대를 가장 많이 알고 아끼는
'내'가 여기 있소

손님 1

친정 자매 송년 모임하고 일어난 호텔 방,
"카톡 카톡"
새벽 댓바람에 날아든 문자가 모셔 온 손님은
당황, 놀람, 걱정, 불안
짙은 회색 옷 입은 감정들이 단체로 들어섭니다

어젯밤 잠들기 전
'마음에 들어오는 생각과 감정을 알아차리는 것에 대해'
'상황과 상관없이 평안을 누리는 것에 대해'
'지금, 현재를 사는 것에 대해'
'내 안의 사랑을 느끼는 것에 대해'
언니들에게 얘기했는데,
마치 "응~ 그래. 어디 한번 느껴 봐라" 하는 듯합니다

"그래, 못 누릴까 봐"
"잘 봐"
당황스럽고, 불안한 느낌을 맞아들이고 바라봅니다
가만히 알아차림 하니

사라집니다

하늘에
구름이 지나가듯이

손님 2 - 꿈

시간은 뒤죽박죽
장소도 여기저기
시공(時空)을 초월한 꿈의 세계
이리저리 현실과 얽힌단 말이죠

아침에 일어나면
두려움, 걱정, 찜찜하단 말이죠

명확한 그림도 그려지지 않아
개꿈으로 접어 두는데 말이죠

험한 산길, 낭떠러지, 주검
비스무리한 꿈들이
반복되기도 해서 말이죠

꿈을 손님으로 맞이하여
즉시 기록하고
잘 살펴보려고 마음먹었단 말이죠

작은 노트 하나 마련해, 두세 번 적고
내 안 무의식에게
"음~~ 그래, 두려웠구나, 무서웠구나,
그게 뭐였니?"

관심 가지고
알아주려 했을 뿐인데
그 손님이
자주 오시지 않는단 말입니다

부모은중경 – 포유양육은

'링링'이 지나는 날에

태풍 '링링'이 올라온다고
세상은 시끌벅적

링링을 느끼고 싶어
아침부터 나갔어요
숲과 하늘 볼 수 있는 사정공원으로

바람 불고
이따금 빗방울 뿌리고,
아주 조금 햇빛까지 보여 주면서
링링이 오고 있었어요

임도를 두 시간여 걷고,
하늘을 보았어요
구름에 뒤덮인 어둑한 하늘

구름이 지나가고
또 지나가고

구름 뒤에
파란 하늘을
보았어요

마음 깊은 곳에
언제나 있는
텅 빈 고요를
느꼈어요

생각이었네

생각이었네

낯선 곳
혼자
첫 경험

위(胃)는 가만히 운동을 멈추고
아랫배가 꿈틀대네

새로운 곳
모두가 친구
하나님과 함께 누리는 경험

입가에 번지는 미소
폐 속 깊이 파고드는 평안

두려움을 몰고 오는 것도
평안을 가져오는 것도
생각이었네

서설(瑞雪) 내리는 아침에

서설이 하염없이 내리는 아침입니다

겨울옷 벗고
봄옷 갈아입으려던 나무 위에 소복이 내려
장난스레 웃고 있는 눈이 앙증스럽습니다

카메라 들이대다가
내 마음 풍경을 봅니다

늦가을인 듯
겨울인 듯
새싹 보듬은 봄 풍경도 조금

아직 파릇한 초록 세상은 아니지만
따뜻한 눈으로 바라봅니다

부서진 낙엽도
꺾어진 삭정이도

다 사연이 있다는 것을 알지요

있는 그대로
앵글에 들어온 풍경이
아름다운 아침입니다

부모은중경 – 원행억념은

그런 거여

새벽 산책길에
할머니 할아버지 배드민턴 치시는디
잠시 발길을 멈췄지
구경 좀 하려구 말이지

옆에 앉아 있던 할머니가
"나갔어 나갔어"
콕이 분명 들어갔는데
큰소리로 나갔다고 외치는 겨

'들어갔는데, 왜 그러신댜
편들 이유가 있는게 베
오지랖도 넓으셔'
이런 생각이 들더라구

잠시 후
"어이~ 거기 구경하는 양반 이리 와요
같이 한번 쳐 봐"

한번 쳐 보고 싶던 차에
날 부르시는 겨

조금 전에 불편했던
할머니 오지랖이
급 반가워지네!

허허
이게
인간의 생각이고 마음인가 벼

맨발로 걸어요

찬란한 햇빛
사랑으로 내리쬐는 모랫길을
맨발로 걸어요

상큼한 바람
장난 걸어오는
찹찹한 진흙 길도
맨발로 걷지요

혼자 걸을 땐
내 손잡고
내 마음 보듬으며
맨발로 걷고요

친구랑 걸을 땐
친구 숨결 느끼며 걸어요

맨발로 꾹꾹

발 도장 찍으면
지구가 좋은가 봐요

자유와 치유
기쁨과 평화

한 걸음 한 걸음
걸을 때마다
선물을 주네요

부모은중경 - 부모인연은

마음 정원

마른 풀잎 속에
새순 돋네

시들어 누운 풀들
넘어진 가지들 엉켜 있네

생-로-병-사의 생명
살아 버티며
더 나은 곳을 차지하려
애쓰는 것들

가만히 앉아 살펴보니
뒤엉킨 나뭇가지 사이
작은 꽃이 피어 있군

다정히 눈 맞추고
미소 지으며
마음 정원 둘러보네

새똥과 마른풀,
썩은 잎들까지

고요히 바라보네

구름

구름 아래를 걷네
둥근 지구 위 걸으며
이리저리 변하는 구름을 보네

바람에 밀려다니며 모양 바꾸고
햇빛에 따라 색을 바꾸다가
사라져 버리는 구름

마음을 보네
구름처럼
생겨나고 사라지는 마음
붙잡지 않으려네

담을 수 없는 구름
잡을 수 없는 마음
지금
잘 보아주어야겠네

감꽃의 고요

감꽃이 피었네요
실에 꿰어 목걸이 만들고
소꿉놀이 친구랑 나눠 먹던
꽃이 올해도 피었어요

배고픈 시절
반가이 주워 모았던 꽃이
이제 거들떠보지도 않는 신세가 되었군요

이런 시절
저런 시절
같은 꽃 피우고
같은 감 맺었건만

사람들 삶 바뀌니
대우도 달라졌어요

감꽃이 피었어요

한결같이
지금, 이 순간을 누리는
감꽃의 고요

부모은중경 - 연고토감은

느티나무 잎이 흔들리고 있어요

느티나무 잎이 흔들려요
오래전
나무 아래 할아버지가 보셨던 모습 그대로

느티나무 잎이 웃네요
그때 할머니가 하신 넋두리가 기억나나 봐요

대전 선화동 학교 운동장 귀퉁이
느티나무 잎이 흔들리고
저~기
제주 한림에 팽나무가 같이 흔들리네요

느티나무 잎이 조금 흔들렸을 뿐인데
시공(時空)을 초월한 소통이 일어나요

그러니 그대
외로워 말아요

지금
느티나무 잎이 흔들리고 있어요

날이 저물고

어제
광주 사는 이는 아프다고
대구 사는 새댁은 아가를 낳았다고
춘천 할머니는 돌아가셨다고
연락이 왔습니다

이이는 그림을 그리고
저이는 테니스를 치고
그이는 버섯 따러 산에 간다고
하더군요

그렇고 그런
날이 저물고
새날이 열렸습니다

오늘도
누구는 태어나고
어떤 이는 아프고

또 죽는 이도 있겠지요

새날을
기쁨으로 맞이합니다

종달새처럼 노래하고
가을 들녘 풀처럼 춤추겠습니다

햇살 비치면 텃밭 돌보고
비가 오면 커피 마시다가
누가 찾아오면 호박전도 부쳐야지요

그렇고 그런
날들이 다 지나고
또 날이 저물면
별이 되어 반짝이겠지요

부모은중경 - 세척부정은

그게 다예요

가을빛 명징한 오후
숲속에 앉았어요
바람이 슬며시 왔다 갔어요
그게 다예요

하늘 푸르고
나뭇잎 정답고
나무 사이로 고요한 미소가 머무네요
그게 다예요

새들 지저귀고
멀리 사람들 얘기 소리
나뭇잎 하나 떨어져요
그게 다예요

어쩌자고 마음에 풍랑이 이네요
그립고 그리운 마음 출렁여요

그냥 행복하기로

그냥
왔다 가는
구름처럼

온 데도
간 데도 없는
바람처럼

조건 없이
이유 없이
행복하기로 마음먹었네

월광 소나타가 안 들려도
낮달이 안 보여도
난데없이 먹구름이 몰려와도 말이지

그냥
행복하기로

아름다웠어요

언 땅 녹고, 마른 검불 사이로 시냇물 흐를 때
그때 새싹이 돋아났지요
하늘 푸르고 햇살 투명했어요
가만히 따스함을 느꼈어요
여기저기 기지개 켜는 소리 정다웠어요

햇볕 뜨거워지고
비바람 몰아치는 여름날
색이 짙어지고, 삶은 치열했어요
여기저기 자신을 지키려는 소리 뒤섞였어요
강해지기도 했고 상처도 있네요

다시 산들바람 불어와요
이별을 준비하는 날들이에요
고운 물 들이기도 하고 열매를 키우기도 해요
여기저기 아쉬워하는 소리 들려요

잎 떨어지고,

마른 풀잎 위 눈 내리는 날
사방이 고요해요
소리 없는 대지에 미소가 번져요

검불 속 연약했던 새싹도
폭염과 비바람에 상처 난 잎도
온 힘 다해 만든 열매도
다음을 위해 떨어진 낙엽도

사랑해요
애썼어요
아름다웠어요

부모은중경 – 심가체휼은

들꽃 - 나에게

아지랑이 피어오르는 언덕에
빼꼼히 나와
둘러보다가
지나는 바람에도 고개 숙이던 너, 봄맞이꽃

(사실은 말이야
그때 그 바람이
너를 놀리려 했던 것은 아닐지도 몰라)

거센 비바람에 뿌리가 뽑혀
얼마쯤 떠내려가도
거기서 조용히 자리 잡은 너, 채송화

(그때 말이야
옆에서 지저귀는 새들 있었지?
너를 응원하고 있었던 것일 거야)

소슬바람 부는 언덕에

흔들리며 서 있는 너, 들국화

(햇살도 바람도 구름도

친구였음을 이제 알았지?)

봄비는 내리고

지구 저쪽에서
전쟁, 지진, 죽음, 이별, 굶주림…
참혹한 소식 쉼 없이 들리는데
어쩌자고 봄비는 내리고
새싹들은 움트기를 재촉하는가?

아파도 견뎌야 하는
아파서 살아야 하는
슬픈 현실을
받아들이는 자연

봄비는 내리고
촉촉이 젖은 나무
조용히 지저귀는 새들과 함께
슬픔을 감당하는 아침

삶과 죽음

파란 하늘 배경으로
반짝이는
나뭇잎을 봅니다

하늘 저 멀리
다른 세상을 느낍니다

두려움으로만 다가왔던
미지의 세계가
희망으로 반짝입니다

새로 돋는 어린잎에서
삶에서 죽음으로 변화한
새로운 세상을 봅니다

우주 안에
하나인
삶과 죽음

반짝이는 햇빛 속에
살랑대는 바람결에

삶과 죽음이
자유로이 흐릅니다

장마 가운데

먹구름이 이리저리 몰려다니다가
"옳지, 여기구나"
한 바가지 오지게 퍼붓네요

세차게 때려도 해롱거리는 풀들 찾아
퍼붓고 퍼붓다가 지쳤을까요?

오늘 아침은 해가 났네요

코스타리카에서 온 커피 내려
나뭇잎 사이로 비치는 햇살을 맞아요

산들바람에 코스타리카 향기가 나고
고요한 햇살이 마음에 스며요

바람 소리, 새소리
영롱한 햇살이
세상을 하나로 연결하는 시간

장마 가운데
파란 하늘과 햇살을 누리는 시간

늘 거기
마음 한가운데 있는 고요와 평안
깨닫는 시간

구름을 보았네

아침 일찍 먹구름을 보았네
짙은 슬픔을 품고 있었지
안타까운 죽음에 대한
먹먹한 마음이 거기 있었네

물안개로 피어올라
산허리를 감은 구름을 보았네
미안하고 아린 마음
이리저리 떠돌아다녔지

해 질 무렵,
주황 분홍 회색빛으로
변해 가는 구름을 보았네

새털이 되었다가
물고기가 되었다가
쉼 없이 변하는 구름을 보았지

텅 빈 하늘에
나타났다 사라지는
이런저런 구름을 보았네

늘 거기 그대로인
온전한 존재에
일어났다 사라지는
이런저런 마음을 보았지

뻥이 아닐지도 몰라

뻥이 아닐지도 몰라
붕새의 등이 몇천 리나 된다는
뻥쟁이 장자(莊子) 아저씨 말이

우리가 보는 것은 기껏 이 지구뿐이잖아
개미가 사람을 볼 때 어떨까?

<u>소요유(逍遙遊)</u>!
노닐고 노닐면서 놀자

8천 년 동안 봄이고, 8천 년 동안 가을이었던
'대춘'이란 나무가 있었대
조균(朝菌)은 밤과 새벽을 모르고
씽씽매미는 봄과 가을을 모른대

뻥이 아닐지도 몰라
뻥쟁이 장자 아저씨 말이 뻥이래도
뭐 그래도 한번 들어나 보려구

~~~~~~~~~~~~

오늘 새벽하늘에
붕새의 깃털 같은 구름이 지나더라구
그 밑으로 날아가는 까치를 보았어

구름이 장자(莊子) 아저씨가 말한 붕새의 깃털보다 작았는데
그 밑에 나는 까치는 까만 점이었어

나도 아마 우주에 까만 점일지 모르지만
뭐 난 내가 우주라고 여길래
벌써 장자(莊子) 아저씨 뻥을 배웠나?

소요유!
장자(莊子) 아저씨 손잡고 놀고 싶어

산들바람 부는 지금

종일 지구를 달구던
해가 돌아서는 저녁
바람이 불어요

석양은 다사롭고
산들바람 부는 지금
내 마음에도 바람이 이네요

그리운 이
애가 쓰이는 이
마음속에 구름처럼 흘러 다녀요

지금
구름 흘러가고
바람 부는 지금

바라봐요
이리저리 변하는 구름

난데없이 불어오는 바람

변함없는 하늘
텅 빈 고요

두려움이여 어서 오게나

바람 불고 흐린 날에
목련이 피고 있네

세상 어수선하고
울화통 터질 것 같은 날에
숨을 쉬고 있네

급기야 진눈깨비 내리고
목련은 의연하게
눈비를 맞네

먹구름 뒤덮인 날에
단단하게 서서
두려움을 바라보겠네

비바람 견디는 목련 곁에서
맞이하려네
폭풍이여 두려움이여 어서 오게나

뽀드득뽀드득

눈 내린 아침,
달려 나가는 할머니

여덟 살, 검정 고무신 신고 뽀드득뽀드득
스물세 살, 롱부츠 신고 뽀드득뽀드득
예순네 살, 스노우 부츠 신고 뽀드득뽀드득

세월 바뀌고, 신발 바뀌어도
같은 소리 뽀드득뽀드득

나이 들고, 몸 약해져도
분홍빛 설렘, 뽀드득뽀드득

부모은중경 - 회건취습은

내가 좋아

바람이 좋아
저녁노을이 좋아
구름이 마음대로 노니는 하늘이 좋아
파란 잔디가 좋아
지저귀는 새소리가 좋아
운동장을 도는 사람들이 좋아
내가 좋아

자연스레 읊조리다가
'내가 좋아'에서 어색하네요

내가 좋아
내가 좋아
내가 좋아

저만치가 보이지 않아도

세상일이 오리무중이고
매일이 진흙탕 같은 날에
안개 자욱한 산길을 걷네

어렸을 때 두려움이었던
보이지 않음이
젊은 날에 답답함이었던
알 수 없음이
편안하고 포근한 아침

저만치가 보이지 않아도
평화로운 오늘

고단한 인생길
선물이라 여기며
안개 속을 걷네

촌티 품 품

마음 들키고 싶지 않은데
얼굴이 먼저 빨개졌어요

부끄러워서
자신 없어서
숨기려 할수록
더 빨개졌거든요

인생길 달리기 숨 가빠
부끄러움, 수줍음 땅에 떨어뜨렸는데
겨울이 오면 또 빨개져요

뽀얀 도도함
가지고 싶었는데

촌에서 나고
촌에서 자라
촌병이 선물인가 봐요

선물 감사히 받고

당당하게 촌티 품 품

또 빨개졌어요

먼 산 진달래

두고 온 아기 생각에
찌르르 젖 돌듯
먼 산 진달래
찌르르 마음속 휘젓네

아가 하품 닮은 햇살
촐싹대는 박새
기어이
할매 마음 어린 시절로 끌고

진달래처럼 여리고 곱던
그 마음
이생에 남은 날들 품고 살라 하네

부모은중경 – 생자망우은

인생이라는 드라마에서

인생이라는 드라마에서
배우가 되어
연기합니다

지금은
불안과 두려움 가득한 역할입니다

숨 깊이 들이쉬고
불안과 두려움 끌어안습니다
피하려 하지 않고 머무릅니다

지금까지
수많은 역할을 했듯이
시간이 지나면
또 다른 역할이 주어지겠지요

어떤 역할도
그것은 내가 아닙니다

오롯이 존재하는 내가
역할에 충실한 나를 바라봅니다

나는
내 안에 영이 함께하는 존재이므로
주어지는 역할이 어떠하더라도
그 역할이 내가 아님을 깨닫습니다

혼자, 또 같이 걸어요

사람을 만나 손잡고
함께 밥 먹기 어려운 시절이네요

혼자 걸어요
자연과 손잡고

일과 일 사이
틈날 때 걷고

시간 내서
음미하면서 걸어요

떨어진 꽃잎
바쁘게 일하는 개미
언제나 노래하는 새들
데이트 상대가 여럿이지요

때로는

바람이 말 걸고
햇빛과 빗줄기도 말을 걸어요
이 정도면 인기쟁이인가요

마음속 손녀와도 걷고
남편과도 걸어요

코로나 19 세월을
혼자, 또 같이 걸어요

함께 추실래요?

일들이 많아요
안타까운 사고로 많은 사람들이 희생당한 소식,
도박중독으로 힘들어하는 청년,
우울감과 무력감에 괴로워하는 사람,
안타깝고, 불안하고 두려운 일들에 둘러싸였어요

불쑥불쑥 찾아오는 감정들을 들여다봐요

숲길을 걷고
카페에서 책을 읽다가
불현듯 찾아온 빛을 보아요
우주(宇宙)!
우주에서 보내오는 빛!
내가 우주이고, 우주가 나라는 소식!

마침, 장마 중 빛이 비치네요
온 세상을 비추는,
나를 비추는 빛에

감동하며 춤춥니다
덩실덩실~

함께 추실래요?

부모은중경 – 만세기도은

4부

임마누엘

편지

산들바람 불고
초록이 짙어 가요

흰머리 성성한 오늘
당신 생각에
눈물이 날 것 같아요

따스했던 봄날 바람처럼 지나고
무더운 여름 길고 폭풍우도 많았어요

작열하는 태양도
휘몰아치던 눈보라도
당신 사랑이었음을
이제 알았어요

쑥스럽지만
편지를 써야겠어요

사랑해요

지금까지처럼
실망시켜 드릴지도 모르지만요

그냥
오늘, 이 마음 받아 주세요

사랑해요

내 안에 빛으로 계신
사랑으로 나를 품고 계신

초록 세상으로
파란 바람으로
내 곁에 계신 분

사랑해요

양산 통도사

임마누엘

하나님 어디 계시냐고 물었더니
네 마음 안에 있다 하시네
평안의 바람 온몸 지나네

하나님 어디 계시냐고 물었더니
가족 안에
교회 안에
있다고 말씀하시네
사랑의 물결 일렁이네

하나님 어디 계시냐고 물었더니
아픈 그이
나이 들어 힘 빠진 저이
가난한 이웃과
함께 계신다네
평화의 종소리 울려 퍼지네

하나님 어디 계시냐고 물었더니

흔들리는 데이지꽃 보라 하시네
지저귀는 새소리 들어 보라 하시네

투명한 햇빛
산들바람
세찬 빗줄기 속에도 계신

지금, 여기
우리 안에 계신
우주 안에 계신

임마누엘

여수 금오산

비가 내려요 2

비가 내려요
은총이 내려요

키 큰 나무 위에
앉아 있는 사람에게

자작자작 내리는 빗소리
소곤소곤 들리는 사랑한다는 말씀

창밖 나무들은
비 맞으며 서 있어요

가만히 앉아
그 사랑을 떠올려요

세포 구석구석
기쁨으로 젖어요

보은 속리산

선물

러시아 밤하늘 날며 졸고 있을 때
비행기 창문 두드리셨지

아무 말도 할 수 없었네
숨이 멎을 듯
황홀한 우주

놀라서 바라보는 내게
마구 쏟아지는
별
별
별

빛으로
사랑으로
은총으로

쏟아지는 선물

해남 달마산

보듬는 시간 - 일몰

온 세상에
코로나가 맹위를 떨쳐
경제적 압박이 마음 짓누르고
건강 염려로 불안이 몰려오고
서로 가까이할 수 없음에
외로움만 더하는 즈음

이 세상에
위로가 내리는 시간이 있네요

요양원에서
영문도 모른 채
면회 오지 않는 가족을
기다리는 할아버지께도

월세와 임금을 걱정하며
긴 하루를 보낸 가장에게도

고요히

이 순간을

누리라는

우주의 소리가 들리는 시간

경주 토함산

숲길에서

비 오는 숲길을
혼자 걸었어요

자욱한 운무에
보이지 않는 산짐승 울음소리

스멀스멀 몰려오는
무서운 생각들
심장 쿵쾅거릴 때

그분이 손잡고 계심이,
함께 걷고 있음이
떠올랐어요

도란도란 얘기하고
콧노래 부르며
숲길을 둘이 걸었어요

구례 오산

사랑의 언약

비발디 사계가 울려 퍼지고
새들 노래하는 교정에서

한걸음에
나의 평안
두 걸음에
너의 평안

걸음걸음
모두의 평안을 기도하며

"다 괜찮아"
"사랑해"
"언제나 네 곁에 있을 거야"
라고 읊조려요

이 말은
내가

또 그분이
거친 인생 바다를 항해하는
나와 너에게
속삭이는 사랑의 언약이에요

어린아이 되어

무서운 일이 참 많은 세상이에요
코로나는 전 세계를 떨게 하고
미얀마 사태는 미안하고 안타깝게 해요
차별에, 폭력에 죽어 가는
사람들 소식이 자주 들려요
가족이 아파서 걱정이 깊어요

그런데
내가 할 수 있는 일이
별로 없어요
기도밖에요

불현듯
떠오른 게 있어요

우주와 나
신과 나
삶과 죽음

하나라는 생각이요

그래서 노래해요
까불까불 어린아이가 되어
춤을 춰요

지금
이 순간을 감사하며
모두에게 사랑의 마음을 보내요

내 안에 계신 하나님과 함께요

봄비 타고 오신 임

자작자작
내리는 봄비

찰박찰박
춤추네

마른 대지 적시고
잠자던 씨앗 깨우는 봄비

기쁨의 싹 틔우고
소망의 꽃 피우도다

내리는 비는
산과 들 적시고

봄비 타고 오신 임
내 마음 적시네

영암 월출산

아기사과꽃 향에

버몬트 숲에 둥지 튼
헬렌의 글 읽으며
숲속에 둥지 튼 미래를 꿈꿔요

햇빛 아래
달콤하고 상큼한
아기사과꽃 향
바람에 실려 오는 상상을 해요

처음으로 맡아 본
아기사과꽃 향에
사랑과 순수가 들어 있네요

이 꽃 하나로도
하나님을 느끼기에 충분해요

이 꽃향기 하나로도
충분한 은총을 느껴요

고창 도솔산

달을 보며

정월 대보름
달이 떠올랐네요

보름달이라고
여기저기서 달 사진 찍어 올려요
대전 달, 제주 달, 베트남 달…
모두 둥근달이군요

달은 언제나 둥글지요
그림자로 가려졌을 뿐…
초승달이었을 때도, 반달이었을 때도
언제나 그대로 둥근 달이었어요

사람 또한 이 세상에 올 때부터
그대로 완전체였지요

모두가 다른 마음이고
다른 생각 할지라도

각자 모습 그대로 완전해요

때로 아프고
때로 삐뚤어져 보일지라도
완전하게 창조된 작품이지요

고난 주간에

고난 주간에
평안을 누리네
산들바람 부는 초원에서

고난 주간에
기쁨을 누리네
뻐꾸기 휘파람새 노래 들으며

고난 주간에
자유를 누리네
고라니 뛰노는 산자락에서

십자가 사랑에
가슴 저리는데

바람은
"평안하라" 하고
새들은

"기뻐하라" 하고
고라니는
"자유하라" 하네

십자가 그 사랑이
나를 해방하네

너무 애쓰지 말아요, 그대

너무 애쓰지 말아요, 그대
배롱나무 꽃잎이 떨어지네요
백 일 동안 핀다는 꽃이 지고 있어요
속절없이 세월이 지나고 있어요

너무 애쓰지 말아요, 장로님
이 일 저 일 여기저기
점심 식사도 못 하고 성급히 나가셔서
마음이 쓰여요
초저녁 바람이 선선하네요

너무 애쓰지 말아요, 권사님
길 위의 가족 위해 음식 준비하고,
뜨거운 불 앞에서 고기를 굽네요
잘 먹었어요
오늘은 풀벌레 소리가 유난히 아름답게 들려요

너무 애쓰지 말아요, 집사님

보이지 않는 곳곳에서
정리하고 준비하는 손길이 아름다워요
오늘 저녁 초승달이 반짝이네요
없는 듯 있지만 아름답네요

너무 애쓰지 말아요, 목사님, 사모님
우리에게 주신 아름다운 세상
함께 노래해요
손잡고 함께 춤추어요

과천 관악산

숨을 주시네

숨을 쉬네
모닝커피 마시듯
무심코

숨을 쉬네
하늘 보듯
나도 모르게

숨을 쉬네
재즈 음악이 춤추듯
사뿐사뿐

숨이 쉬어지네
강물이 흐르듯
아무것 하지 않아도

숨을 주시네

가을 저녁

해 지는 가을 저녁
본향을 생각하네

산들바람
흰 머리카락 날리고
주름진 이마 쓰다듬네

매미 배웅하는 풀벌레 노래
고요히 울려 퍼지는 저녁
노을빛이 곱구나

노란 코스모스 지는 언덕
하얀 들국화 피고 있네

지는 꽃이 웃고
피는 꽃도 미소 짓네

본향이 떠오르는
가을 저녁

광주 무등산

연서 가득한 초록별

어둡고 깊은 그곳에
빛이 있었네

밝고 따스한 빛
외면한 건 나였어

몸과 마음 빗장 풀고
맞이하네

도망치다 마주한 당신
그 품에 안기네

이유 없이 울다,
잠들어도 좋을 여기

연서 가득한 초록별

기도하는 저녁

하루를 보내고 돌아서는 빛
따사로워라

종일 사랑을 보내고
이별하는 저녁
온 힘 다해 지구를 감싸네

세포 구석구석
파고드는 사랑

고개 돌려도
몸을 숨겨도
피할 수 없구나

보지 않는다고 빛이 없을까
느끼지 않는다고 사랑이 없을까

찬란해도 눈부시지 않은

저녁 빛
가슴 열어 맞이하네

다정한 빛
살포시 반사되어
그대에게 가닿기를

기도하는 저녁

평창 오대산

미소 지어요

새벽 미명
지저귀는 새들 노래에 미소 지어요
미소는 희망이거든요

아침에 피었다가
저녁에 져야 하는 무궁화꽃이
비 맞으며 피어 있는 것을 보고 미소 지어요
미소는 사랑이거든요

아프고 지친 이가 옆에 있는데
해 줄 수 있는 게 없어서 미소 지어요
미소는 기도이지요

세수하다, 설거지하다,
길을 걷다 미소 지어요
미소는 기쁨을 데려오거든요

불의를 보고 분노하다가

다가올 미래를 불안해하다 미소 지어요
미소는 평화의 시작이래요

울음으로 이 세상에 왔지만
웃음으로 이별하기 위해 미소 지어요
미소는 세상에 나를 보내신 분께
기쁨으로 바치는 순종이지요

구례 지리산

함께 가는 길

다친 기억이 없는데,
손목이 붓고 아파요

어제는 그만그만했는데,
오늘은 일상생활이 어려워요

왼손이 아픈데,
물병을 따는 것도
두루마리 휴지를 떼는 것도 어려워요

그동안 다
오른손이 하는 일인 줄 알았는데,
왼손이 잡아 주지 않으면
아무것도 할 수 없다는 것을 알게 돼요

우리 사람도 그렇겠지요
네가 없다면 과연
무엇을 할 수 있고,

무슨 의미가 있을까요?

손목이 아플 뿐인데,
온몸 기운이
빠지는 느낌이 들어요

손목 통증 중에
함께 가는 길을 바라봐요

주님과 함께
이웃과 함께
자연과 함께
나와 함께,

함께 가는 길

그 빛이

거기 빛이 있었네
언제부터인지 알 수 없지만

조용히 빛나고 있었지
알아차리지 못했을 뿐

그 빛이
도미노처럼 흘러가네
너에게 또 다른 너에게

외로운 섬인 줄 알았는데
서로를 비춰 주며 환해지네

내 안에 빛 알아차리고
모두에게 반짝이는 빛이 있음을
알게 되었네

그 빛이
섬을 연결하는 다리가 되네

인제 설악산

당신의 하루에 건네는 다정한 위로

함께 가는 길

초판 1쇄 인쇄일 2025년 11월 07일
초판 1쇄 발행일 2025년 11월 24일

지은이 심정자
그 림 이동진
펴낸이 양옥매
디자인 표지혜
마케팅 송용호
교 정 조준경

펴낸곳 도서출판 책과나무
출판등록 제2012-000376
주소 서울특별시 마포구 방울내로 79 이노빌딩 302호
대표전화 02.372.1537 **팩스** 02.372.1538
이메일 booknamu2007@naver.com
홈페이지 www.booknamu.com
ISBN 979-11-6752-707-3 (03800)

* 저작권법에 의해 보호를 받는 저작물이므로 저자와 출판사의 동의 없이 내용의 일부를 인용하거나 발췌하는 것을 금합니다.
* 파손된 책은 구입처에서 교환해 드립니다.